T0195878

Kompakt Edition: Immobilienfinanzierung

Michael Trübestein · Michael Pruegel

Kompakt Edition: Immobilienfinanzierung

Abkürzungen und Klassifikationen

Prof. Dr. Michael Trübestein
Bad Orb, Deutschland

Michael Pruegel
Aschheim, Deutschland

ISBN 978-3-658-00773-7   ISBN 978-3-658-00774-4 (eBook)
DOI 10.1007/978-3-658-00774-4

Die Deutsche Nationalbibliothek verzeichnet diese Publikation in der Deutschen Nationalbi-
bliografie; detaillierte bibliografische Daten sind im Internet über http://dnb.d-nb.de abruf-
bar.

Springer Gabler
© Springer Fachmedien Wiesbaden 2013

Gedruckt auf säurefreiem und chlorfrei gebleichtem Papier.

Springer Gabler ist eine Marke von Springer DE. Springer DE ist Teil der Fachverlagsgruppe
Springer Science+Business Media
www.springer-gabler.de

Inhaltsverzeichnis

Einleitung

Im Laufe der Zeit bilden sich in jeder Disziplin – mithin der Immobilienfinanzierung – vielfältige und unterschiedliche Fachbegriffe und Definitionen heraus, die sich etablieren und fortlaufend weiterentwickeln. Eine besondere Spezialisierung eines solchen Fachvokabulars stellt die Verwendung von Abkürzungen dar, die nicht direkt Rückschlüsse auf deren fachlichen Inhalt oder Bedeutung zulassen. Damit ist es einem Fachfremden oder Berufsanfänger nahezu unmöglich, sich Fachwissen in kurzer Zeit einfach und verständlich anzueignen oder bei Fachdiskussionen mitzuwirken.

Dies gilt in besonderem Maße für den Bereich der Immobilienfinanzierung, da hier verschiedene Fachbegriffe aus den Bereichen Wirtschaft, Recht und Technik sowie artverwandten Disziplinen wie Architektur, Stadtplanung oder Geographie zusammenkommen – häufig gepaart mit zahlreichen englischsprachigen bzw. internationalen Begriffen oder Abkürzungen. Verschärft werden diese „Wortkreationen" vielfach durch individuelle Abkürzungen einzelner Marktteilnehmer für eigene Produkte oder die Unternehmensorganisation. Im Sprachgebrauch erfolgt dann der Einsatz der Abkürzungen bzw. einzelner Buchstaben wie selbstverständlich, auch wenn die Kurzformen nicht immer selbsterklärend und teilweise auch doppeldeutig sind oder verwirrend erscheinen.

Die hier zusammengetragenen Abkürzungen sind eine nützliche und hilfreiche Sammlung von allgemeingültigen, amtlichen und nicht unternehmensspezifischen Abkürzungen oder oft verwendeten Begriffen aus den Bereichen Immobilien, Banken (Finanzierung), Recht, Wirtschaft und Organisationen. Die ausgewählten Abkürzungen sind jeweils mit dem ausgeschriebenen Fachbegriff und gegebenenfalls durch eine deutsche Übersetzung ergänzt. Zur weiteren Erklärung findet sich ferner eine kurze Beschreibung bzw. Definition oder zumindest eine Angabe über die Verwendung der Abkürzung. Hierbei wurde der Schwerpunkt der Erläuterungen auf eine leichte Verständlichkeit der Definition für den (fachfremden) Leser gelegt. Dies ist naturgemäß immer mit einem Informationsverlust bzw. einer Vereinheitlichung verbunden, das heißt Abweichungen oder andersartige Interpretationen sind möglich, werden aber nicht separat genannt.

Da eine derartige Begriffesammlung niemals vollständig sein kann und sich darüber hinaus einzelne Abkürzungen in ihrer Verwendung auch verändern können, sind Hinweise zur Aktualisierung jederzeit willkommen. Dieses Verzeichnis soll dem interessierten Leser oder Nutzer eine tägliche Hilfestellung im Umgang mit der Immobilienfinanzierung sein und etwas „Licht" in die Welt der dort verwendeten Fachbegriffe bringen. Viel Erfolg beim (häufigen) Nachschlagen!

Michael Trübestein
Michael Pruegel
August 2012

Zeichenerklärung

/   alternative Bezeichnung
( )   Ergänzung oder Erklärung
[ ]   Übersetzung

AAV   Abbuchungsauftragsverfahren   Der Zahlungspflichtige beauftragt seine kontoführende Stelle, bestimmte Lastschriften zu seinen Lasten einzulösen

AB (1)   Abgeschlossenheitsbescheinigung   Bescheinigung über die baulichen Voraussetzungen zur Bildung von Wohnungs- oder Teileigentum

AB (2)   Altbau/Altbestand   Bestehendes Gebäude

ABS   Asset Backed Securities [Durch Forderungen gesicherte Wertpapiere]   Wertpapiere, die durch Forderungen und deren Sicherheiten abgesichert sind

AfA   Absetzung für Abnutzung   Steuerrechtliche Wertminderung von Anlagevermögen (Abschreibung)

AG (1)   Aktiengesellschaft   Kapitalgesellschaft, deren Grundkapital in Aktien ausgegeben ist

AG (2)   Amtsgericht   Eingangsinstanz der ordentlichen Gerichtsbarkeit mit Handelsregister und Grundbuchamt

AGB   Allgemeine Geschäftsbedingungen   Vorformulierte Vertragsbedingungen

AHK/ AKHK   Anschaffungs- und Herstellungskosten   Aufwendungen zum Erwerb und zur Erstellung von Sachanlagen (Immobilien)

AIC [GIK]   All In Costs [Gesamtinvestitionskosten]   Summe aller Kosten zur Anschaffung und Herstellung von Sachanlagen (Immobilien)

AK   Anschaffungskosten   Aufwendungen zum Erwerb von Vermögensgegenständen

AM   Asset Management [Vermögensverwaltung]   Verwaltung von (Sach-)Vermögen

AO (1)   Abgabenordnung

Gesetzliche Rahmenbedingungen im Steuerrecht

a.o. (2)   Außerordentlich

Vorgänge, die nach Art, Umfang oder zeitlichem Bezug vom üblichen Geschäftsverlauf abweichen

AöR   Anstalt des öffentlichen Rechts

Institution für öffentliche Aufgaben mit privatwirtschaftlicher Ausrichtung

AR   Aufsichtsrat

Kontrollorgan einer Aktiengesellschaft

ARGE   Arbeitsgemeinschaft

Zusammenschluss von Unternehmen für Großprojekte

AuM   Assets Under Management [Verwaltete Vermögenswerte]

Angabe einer Anzahl oder eines Wertes von verwalteten Vermögenswerten (Immobilien)

AV (1)   Auflassungsvormerkung

Eintragung im Grundbuch zur Sicherung des Anspruchs auf Eigentumsübertragung

AV (2)   Anlagevermögen

Vermögenswerte, die einem Unternehmen dauerhaft zur Verfügung stehen

AZV   Auslandszahlungsverkehr

Grenzüberschreitende Übertragung von Zahlungsmitteln

BA (1)   Bauabschnitt/Baulos

In sich abgeschlossener Teil eines Gesamtbauwerks

BA (2)   (Arbeitskreis) Bankenaufsicht

Arbeitskreis der Bundesanstalt für Finanzdienstleistungsaufsicht

BaFin   Bundesanstalt für Finanzdienstleistungsaufsicht

Aufsichtsbehörde für alle Bereiche des Finanzwesens

BAG	Bearbeitungsgebühr	Kostenbestandteil bei Krediten für Prüfung und Umsetzung
BauBG/ BG Bau	Berufsgenossenschaft der Bauwirtschaft	Berufsgenossenschaft und Träger der gesetzlichen Unfallversicherung
BauFi	Baufinanzierung	Beschaffung der Geldmittel zum Bau oder Erwerb von (privatgenutzten) Immobilien
BauGB	Baugesetzbuch	Gesetz zum Bauplanungsrecht
baw/ b. a. w.	Bis auf weiteres	Hinweis auf eine änderbare, variable Vereinbarung
BB	Bruttobeitrag	Summe aller Erlöse
BdB	Bundesverband deutscher Banken	Interessenvertretung der privaten Banken
BE	Betriebsergebnis	Einnahmen aus der ordentlichen Geschäftstätigkeit eines Unternehmens abzüglich aller Ausgaben
BFH	Bundesfinanzhof	Oberstes deutsches Gericht für Steuer- und Zollangelegenheiten
BFK [CL]	Baufortschrittskredit [Construction Loan]	(Teil-)Kredit zur zweckgebundenen Verwendung zur Errichtung eines Bauwerks
BFW	Bundesverband freier Immobilien- und Wohnungsunternehmen	Fachverband der privaten Immobilienwirtschaft
BG Bau/ BauBG	Berufsgenossenschaft der Bauwirtschaft	Berufsgenossenschaft und Träger der gesetzlichen Unfallversicherung

BGA	Betriebs- und Geschäftsausstattung	Maschinen, Geräte und Einrichtungen eines Unternehmens
BGB	Bürgerliches Gesetzbuch	Allgemeine Regelungen im Privatrecht
BGF [GFA]	Bruttogrundfläche [Gross Floor Area]	Gesamtfläche aller Ebenen eines Bauwerks
BGH (1)	Bundesgerichtshof	Oberstes deutsches Zivil- und Strafgericht
BGH (2)	Büro- und Geschäftshaus	Gebäude zur gewerblichen Nutzung
BIC	Business Identifier Code [Geschäftskennnungskürzel]	International standardisierter Code für SWIFT-Nachrichten
BIP	Bruttoinlandsprodukt	Gesamtwert aller Waren und Dienstleistungen, die in einem Jahr in einem Land hergestellt werden
Bj.	Baujahr	Jahr der Fertigstellung eines Gebäudes
BKL/ RKL	Bonitätsklasse/ Risikoklasse	Einstufung der Vermögenssituation und der Zahlungsfähigkeit eines Kreditnehmers
BL	Betriebsleistung	Umsatz eines Unternehmens zuzüglich oder abzüglich der Bestandsveränderungen
BLZ	Bankleitzahl	Kennziffer eines Kreditinstituts
BM	Baumaßnahme	Erstellung eines Bauwerks
BMW	Bäcker-Metzger-Wirte	Sammelbegriff für Gewerbetreibende
BMZ (1)	Baumassenzahl	Zulässige Baumasse auf einem Grundstück

BMZ (2) Brandmeldezentrale — Gefahrenmeldeanlage für den Brandschutz

BNE/BSP Bruttonationaleinkommen/ Bruttosozialprodukt (vormals) — Gesamtwert aller Waren und Dienstleistungen, die in einem Jahr durch Produktionsfaktoren der Bewohner eines Landes hergestellt werden

BNK Baunebenkosten — Kosten bei der Erstellung eines Bauwerks, die nicht die Bauleistung betreffen

bp(s) Basispunkt(e) — Angabe von Zins- und Prozentsätzen oder Änderungen, bezogen auf die zweite Nachkommastelle

B-Plan Bebauungsplan — Festlegung der möglichen Bebauung von Grundstücken und der Nutzung von Freiflächen

BRW Bodenrichtwert — Regionaler durchschnittlicher Wert für Grundstücke entsprechend dem Entwicklungsstand

BSI Bundesvereinigung Spitzenverbände der Immobilienwirtschaft — Zusammenschluss der Interessenverbände der Wohnungs- und Immobilienbranche

BSP/BNE Bruttosozialprodukt (vormals)/ Bruttonationaleinkommen — Gesamtwert aller Waren und Dienstleistungen, die in einem Jahr durch Produktionsfaktoren der Bewohner eines Landes hergestellt werden

BSP(V) Bausparvertrag — Ansparvertrag mit Anspruch auf ein zweckgebundenes Baudarlehen

BT(G) Bauträger(-gesellschaft) — Unternehmen, das gewerbsmäßig Wohneinheiten errichtet und veräußert

BTM Bauträgermaßnahme — Projekt eines Bauträgers

BÜ	Bürgschaft	Übernahme der persönlichen Haftung für Verbindlichkeiten anderer
BuBa	Deutsche Bundesbank	Zentralbank der Bundesrepublik Deutschland
BV (1)	Bauvorhaben	Planung und Erstellung eines Bauwerks
BV (2)	Bestandsverzeichnis	Teil des Grundbuchs, in dem das Grundstück und verbundene Rechte beschrieben sind
BVI	Bundesverband Investment und Asset Management	Interessenvertretung der Investmentbranche
BVR	Bundesverband der deutschen Volks- und Raiffeisenbanken	Spitzenverband der Genossenschaftsbanken
BW	Beleihungswert	Langfristig und nachhaltig realisierbarer Wert einer Immobilie
BWA	Betriebswirtschaftliche Auswertung	Darstellung der laufenden Kosten- und Erlössituation eines Unternehmens
BWG	Bankwesengesetz	Gesetzliche Regelungen zum Bank- und Kreditwesen in Österreich
BWK	Bewirtschaftungskosten	Aufwendungen für den Betrieb, die Verwaltung und Instandhaltung einer Immobilie
BZ	Bereitstellungszins/ Bereitstellungsprovision	Zahlung für noch nicht ausbezahlte Kredite als Ersatz für Refinanzierungskosten
CAPEX	Capital Expenditures [Investitionsausgaben]	Investitionen zur langfristigen Werterhaltung von Sachanlagen (Immobilien)

CBD — Central Business District [Stadtzentrum]
Innerer, zentraler Teil einer Stadt

CDA — Confidential Disclosure Agreement [Vertraulichkeitsvereinbarung]
Vertrag über die Geheimhaltung von Informationen

CDO — Collateralized Debt Obligation [Forderungsbesichertes Wertpapier]
Festverzinsliches Wertpapier mit individuellem Ausfallrisiko

CDS — Credit Default Swap [Derivat für Kreditausfälle]
Handelspapier für Ausfallrisiken von Krediten

CEE — Central And Eastern Europe [Zentral- und Osteuropa]
Sammelbegriff für die Länder in Mittel- und Osteuropa

CEO — Chief Executive Officer [Hauptführungsverantwortlicher]
Vorsitzender der Geschäftsführung

CF — Cash Flow [Geldfluss]
Nettozufluss liquider Finanzmittel

CFO — Chief Finance Officer [Hauptverantwortlicher für Finanzen]
Mitglied der Geschäftsführung mit der Hauptverantwortung für Finanzangelegenheiten

CHF — Confederation Helvetica Franc [Schweizer Franken]
Währung der Schweiz und Liechtensteins

CL [BFK] — Construction Loan [Baufortschrittskredit]
(Teil-)Kredit zur zweckgebundenen Verwendung zur Errichtung eines Bauwerks

CMBS — Commercial Mortgage Backed Securities [Durch Hypotheken auf Gewerbeimmobilien gesicherte Wertpapiere]
Wertpapiere, die grundpfandrechtlich auf gewerblich genutzten Immobilien abgesichert sind

COC	Change Of Control (Clause) [(Bestimmung) zur Veränderung in der Beherrschung]	Verpflichtung des Kreditnehmers, bei Gesellschafteränderungen die Zustimmung des Kreditgebers einzuholen
COO	Chief Operating Officer [Hauptverantwortlicher für den Geschäftsbetrieb]	Mitglied der Geschäftsführung mit der Hauptverantwortung für den Geschäftsbetrieb
CP	Condition Precedent [(Kredit-)Auszahlungsvoraussetzung]	Zu erfüllende Voraussetzung vor der Auszahlung eines Kredites
CpD	Conto Pro Diverse [Konto für Verschiedenes]	Sammelkonto einer Bank
CPI [**VPI**]	Customer Price Index [Verbraucherpreisindex]	Kennzahl zur Abbildung der Preisentwicklung von Waren und Dienstleistungen
CREM	Corporate Real Estate Management [Verwaltung betrieblicher Immobilien]	Bewirtschaftung von unternehmenseigenen Immobilien
CRM (1) [**KRM**]	Credit Risk Management [Kreditrisikomanagement]	Einrichtungen und Regelungen bei Banken zur Beurteilung und zum Umgang mit Kreditrisiken
CRM (2)	Customer Relationship Management [Kundenbeziehungspflege]	Aktivitäten zur Festigung von Kunden- und Geschäftsverbindungen
CRO	Chief Risk Officer [Hauptverantwortlicher für Risikomanagement]	Mitglied der Geschäftsführung mit der Hauptverantwortung für das Risikomanagement
CS	Condition Subsequent [Nachfolgende Bedingung]	Zu erfüllende Bedingungen nach der Auszahlung eines Kredites
DA	Dauerauftrag	Regelmäßig wiederkehrende Übertragung von Geld durch Kontoumbuchung

DB Deckungsbeitrag Saldo aus Erlösen und variablen Kosten

DBA Doppelbesteuerungsabkommen Vereinbarung zwischen Staaten über die Aufteilung von Steuern auf grenzüberschreitende Einkünfte

DCF Discounted Cash Flow (Method) [Abgezinster Zahlungsfluss (Verfahren)] Verfahren zur Wertermittlung von Unternehmen und Immobilien

DD Due Diligence [Sorgfältige Überprüfung] Technische, wirtschaftliche und rechtliche Prüfung

DG Dachgeschoss Oberste Etage eines Gebäudes unter dem Dach

DGNB Deutsche Gesellschaft für nachhaltiges Bauen Organisation zur Weiterentwicklung von nachhaltigem Planen, Bauen und Nutzen von Gebäuden

DH Doppelhaus Zwei aneinandergebaute Einfamilienhäuser mit separaten Eingängen

DHH Doppelhaushälfte Ein Haus eines Doppelhauses

DIN Deutsches Institut für Normung Nationale Organisation für einheitliche Normung

DK (Die) Deutsche Kreditwirtschaft (vormals ZKA) Zusammenschluss der kreditwirtschaftlichen Spitzenverbände in Deutschland

DN Darlehensnehmer Schuldner einer Darlehensverbindlichkeit

DNR Dauernutzungsrecht Dienstbarkeit in der zweiten Abteilung des Grundbuches

DRV	Deutscher Rahmenvertrag	Grundlegende Vereinbarung zur Durchführung von Finanztermingeschäften
DSC(R)	Debt Service Cover (Ratio) [Kapitaldienstdeckung(-quote)]	Verhältnis der zur Bezahlung des Kapitaldienstes verfügbaren Einnahmen zum Kapitaldienst aus Zins und Tilgung
DSGV	Deutscher Sparkassen- und Giroverband	Dachverband der Sparkassen und Landesbanken
DV	Darlehensvertrag	Schuldrechtlicher Vertrag zur zeitweisen Überlassung von Geld an Dritte
DWR	Dauerwohnrecht	Dienstbarkeit in der zweiten Abteilung des Grundbuches
DY/YoD **[KDF]**	Debt Yield/Yield On Debt [Kapitaldienstfähigkeit]	Prozentsatz aus den für den Kapitaldienst zur Verfügung stehenden Mittel zu den Schulden
EAD	Exposure At Default [Kreditinanspruchnahme bei Ausfall]	Vermutete Inanspruchnahme eines Kredites zuzüglich Kosten zum Zeitpunkt eines Ausfalls
EAV	Ergebnisabführungsvertrag	Verpflichtung eines Unternehmens, seinen Gewinn an ein herrschendes Unternehmen abzugeben, das im Gegenzug Verluste ausgleichen muss
EBA	European Banking Authority [Europäische Bankenaufsicht]	Europäische Behörde zur Finanzmarktaufsicht
ebf	Erschließungsbeitragsfrei	Angabe zum Bodenwert eines Grundstücks, in dem Erschließungskosten enthalten sind

EBIT (DA)	Earnings Before Interest And Taxes, (Depreciation And Amortisation) [Gewinn vor Zinsen und Steuern, (Abschreibungen und Tilgung)]	Betriebswirtschaftliche Kennzahl über das betriebliche Ergebnis eines Unternehmens
EBO	Equity Buy Out [Übernahme aus Eigenkapital]	Kauf eines Unternehmens mit Eigenkapital
ebp	Erschließungsbeitragspflichtig	Angabe zum Bodenwert eines Grundstücks, in dem keine Erschließungskosten enthalten sind
EBR [HBR]	Erbbaurecht [Heritable Building Right]	Recht, auf einem fremden Grundstück ein Gebäude zu errichten
EEG	Gesetz für den Vorrang erneuerbarer Energien (Erneuerbare-Energien-Gesetz)	Gesetz zur Förderung erneuerbarer Energien zum Klima- und Umweltschutz
EEV	Einzugsermächtigungsverfahren	Der Zahlungsempfänger hat die Erlaubnis des Zahlungspflichtigen, dessen kontoführender Stelle, Lastschriften zur Einlösung vorzulegen
EFH	Einfamilienhaus	Gebäude mit einer Wohneinheit
EFSF	Europäische Finanzstabilisierungsfazilität [European Financial Stability Facility]	Aktiengesellschaft zur vorläufigen Sicherung der finanziellen Stabilität im Währungsgebiet des Euro
EG (1)	Erdgeschoss/Parterre	Fläche eines Gebäudes, die auf der Ebene der umliegenden Geländeoberfläche liegt
eG (2)	Eingetragene Genossenschaft	Zusammenschluss von Personen für unternehmerische Tätigkeiten mit Eintragung in das Genossenschaftsregister

EGT	Ergebnis der gewöhnlichen Geschäftstätigkeit	Betriebs- und Finanzergebnis eines Unternehmens
EK (1)	Eigenkapital	Kapitaleinlagen der Eigentümer eines Unternehmens zuzüglich der Gewinne und abzüglich der Verluste
e. K. (2)	Eingetragener Kaufmann	Einzelunternehmer, der in das Handelsregister eigetragen ist
EKU	Eigenkapitalunterlegung	Vorhaltung von Eigenkapital bei der Vergabe von Krediten, entsprechend regulatorischer Vorgaben
EKZ [SC]	Einkaufszentrum [Shopping Center]	Ein Gebäude mit einer größeren Anzahl von Einzelhandelsgeschäften und Dienstleistungsbetrieben
EL	Expected Loss [Erwarteter Verlust]	Erwarteter Verlust einer Forderung
EM	Eigenmittel	Für Investitionen eingesetztes Eigenkapital
EN	Europäische Norm	Europäische Regeln für Standardisierung
EnEV	Energieeinsparverordnung	Verordnung zum effizienten Betriebsenergieverbrauch in Gebäuden
EOF	Einkommensorientierte Förderung	Fördermodell im sozialen Wohnungsbau
EONIA	Euro Overnight Index Average [Durchschnittstageszins in Euro]	Zinssatz für taggleiche Ausleihungen unter Banken in Euro
EP	Europäisches Parlament	Parlament der Europäischen Union

ERV	Estimated Rental Value [Geschätzter Mietwert]	Prognostizierte Mieteinnahme für eine Immobilie
ESM	Europäischer Stabilitätsmechanismus [European Stability Mechanism]	Internationale Finanzinstitution zur Sicherung der Zahlungsfähigkeit der Staaten im Währungsgebiet des Euro
ESt	Einkommensteuer	Steuer auf das Einkommen natürlicher Personen
ESZB	Europäisches System der Zentralbanken	Zusammenschluss der Europäischen Zentralbank und der nationalen Zentralbanken aller Staaten der Europäischen Union
ETG/ WEG	Eigentümergemeinschaft/ Wohnungseigentümergemeinschaft	Gesamtheit der Eigentümer einer Wohnungseigentumsanlage
ETW	Eigentumswohnung	Einzelne Wohnung im Eigentum einer Privatperson
EU	Europäische Union	Europäischer Staatenverbund
EuGH	Europäischer Gerichtshof	Oberstes rechtsprechendes Organ der Europäischen Union
EUR	European Union Euro [Euro, €]	Währung der Europäischen Wirtschafts- und Währungsunion
EÜR	Einnahmenüberschussrechnung	Vereinfachtes Verfahren zur Gewinnermittlung
Eurex	European Exchange [Europäische Börse]	Terminbörse für Finanzderivate

EURIBOR	Euro Interbank Offered Rate [Interbankenzinssatz in Euro]	Referenzzinssatz für kurzfristige Geldgeschäfte unter Banken in Euro
EV (1)	Eigentumsvorbehalt	Bedingte Eigentumsübertragung bis zur endgültigen Bezahlung
e. V. (2)	Eingetragener Verein	Vereinigung von Personen, die in das Vereinsregister eingetragen ist
E. v. (3)	Eingang vorbehalten	Sofortige Kontogutschrift von Scheckguthaben unter dem Vorbehalt des effektiven Geldeingangs
EW	Einheitswert	Behördlich festgelegter Wert einer Immobilie zur Steuerbemessung
EWB	Einzelwertberichtigung	Bewertung des Ausfallrisikos einer konkreten Forderung
EWWU	Europäische Wirtschafts- und Währungsunion	Vereinbarung der Mitgliedstaaten der Europäischen Union zur Umsetzung gemeinsamer wirtschafts- und währungspolitischer Regelungen
EZB	Europäische Zentralbank	Währungsbehörde der Mitgliedstaaten der Europäischen Währungsunion
EZV	Elektronischer Zahlungsverkehr	Papierlose Übertragung von Zahlungsmitteln
F&B	Food And Beverage [Speisen und Getränke]	Planung, Organisation und Betrieb in der Gastronomie
FA	Finanzamt	Behörde zur Verwaltung der Steuern
FAQ	Frequently Asked Questions [Häufig gestellte Fragen]	Auflistung themenbezogener Fragestellungen und Antworten

FAUF	Finanzaufwand	Teil der betrieblichen Aufwendungen eines Unternehmens für die Bereitstellung und Inanspruchnahme von Krediten
FF&E	Furniture, Fixtures & Equipment [Möblierung, Zubehör und Geräte]	Betriebsnotwendige Ausstattung eines Hotels
FG/TG	Festgeld/Termingeld	Kurz- bis mittelfristige Geldanlage
FK	Fremdkapital	Unternehmenskapital, das von fremden Dritten zur Verfügung gestellt wird
FM	Facility Management [Anlagenverwaltung]	Verwaltung und Bewirtschaftung von Immobilien
FMA	Finanzmarktaufsicht	Österreichische Finanzmarktaufsichtsbehörde
FMS/ SoFFin	Finanzmarktstabilisierungsfonds/ Sonderfonds Finanzmarktstabilisierung	Sondervermögen der Bundesrepublik Deutschland für Finanzhilfen an notleidende Banken
FMSA	Finanzmarktstabilisierungsanstalt	Anstalt zur Verwaltung des Sondervermögens des Finanzmarktstabilisierungsfonds
FMZ	Fachmarktzentrum	Ein Gebäude mit einer kleinen Anzahl von Einzelhandelsgeschäften
FNP	Flächennutzungsplan	Darstellung der beabsichtigten städtebaulichen Entwicklung einer Kommune
FRICS	Fellow Of The Royal Institution Of Chartered Surveyors [Partner des königlichen Instituts der vereidigten Gutachter]	Partner des Berufsverbands von Immobilienfachleuten und Immobiliensachverständigen

FTE **[MAK/** **PE]**	Full Time Equivalent [Mitarbeiterkapazität/ Personaleinheit]	Kennzahl einer Arbeitskraft in Bezug zu einer Vollzeitarbeitskraft
FuE/ **F&E**	Forschung und Entwicklung	Planvolles, systematisches Handeln nach wissenschaftlichen Methoden, um neues Wissen zu erlangen
FVE	Freistellungsverpflichtungserklärung/ Freistellungsbescheinigung	Verpflichtung der Bank eines Bauträgers, verkaufte Einheiten aus der Haftung von Grundpfandrechten zu entlassen
FW	Fremdwährung	Währung einer fremden Zentralbank, die im Inland genutzt wird
G(d)bR	Gesellschaft (des) bürgerlichen Rechts/BGB-Gesellschaft	Vereinigung von Personen zur Erreichung eines gemeinsamen (Geschäfts-) Zwecks
GAK	Grundstücksankaufskredit	Kredit zum Ankauf eines Grundstücks
GB	Grundbuch	Amtliches Verzeichnis von Grundstücken mit der Beschreibung des Bestands, dem Eigentümer, den Rechten und Lasten
GBA	Grundbuchauszug	Auszug aus dem Grundbuch mit allen Angaben bezüglich eines Grundstücks oder einer Wohnung
GBP	Great Britain Pound (Pound Sterling) [Britisches Pfund, £]	Währung des Vereinigten Königreichs von Großbritannien und Nordirland
GE (1)	Gewerbeeinheit	Abgeschlossener Gebäudeteil zur gewerblichen Nutzung
GE (2)	Gewerbegebiet	Gebietseinteilung im Bebauungsplan

GewSt	Gewerbesteuer	Steuer auf die Ertragskraft eines Gewerbebetriebes
GF (1)	Geschäftsführer	Gesamtverantwortlicher für ein Unternehmen
GF (2)	Geschossfläche	Fläche eines (Voll-)Geschosses oder Summe aller Flächen in einem Gebäude
GFA **[BGF]**	Gross Floor Area [Bruttogrundfläche]	Gesamtfläche aller Ebenen eines Bauwerks
GFZ	Geschossflächenzahl	Verhältnis der gesamten Geschossflächen eines Bauwerks zu der Fläche des bebauten Grundstücks
GG	Grundgesetz	Verfassung der Bundesrepublik Deutschland
GI	Industriegebiet (Gewerbegebiet – Industrie)	Gebietseinteilung im Bebauungsplan
gif	Gesellschaft für immobilienwirtschaftliche Forschung	Verein zur Schaffung von Richtlinien und Definitionen für immobilienrelevante Themen
GIK **[AIC]**	Gesamtinvestitionskosten [All In Costs]	Summe aller Kosten zur Anschaffung und Herstellung von Sachanlagen (Immobilien)
GKV	Gesamtkostenverfahren	Gegenüberstellung von Erträgen und Aufwendungen eines Geschäftsjahres
GmbH	Gesellschaft mit beschränkter Haftung	Kapitalgesellschaft – Die Haftung ist auf das Gesellschaftsvermögen begrenzt
GmbH & Co. KG	Besondere Kommanditgesellschaft	Kommanditgesellschaft mit einer GmbH als Komplementär

GMP Garantierter Maximalpreis
[Guaranteed Maximum Price]

(Vertraglich) vereinbarte Preisobergrenze für Bauleistungen

GND Gesamtnutzungsdauer

Summe aller Zeitspannen der gewöhnlichen Nutzung von Sachanlagen (Immobilien)

GrESt Grunderwerbsteuer

Fällige Steuer beim Erwerb eines Grundstücks

GroMiKV Verordnung zu Groß- und Millionenkrediten

Ergänzende Verordnung zum Kreditwesengesetz

GrSt Grundsteuer

Steuer auf das Eigentum an Grundstücken und Wohnungen

GRZ Grundflächenzahl

Flächenanteil eines Baugrundstücks, der überbaut werden darf

GS (1) Grundschuld

Grundpfandrecht zur Belastung von Immobilien

GS (2) Gesellschafter

(Teil-)Eigentümer eines Unternehmens

GU Generalunternehmer

Ein Unternehmen, das sämtliche Bauleistungen für die Errichtung eines Bauwerks erbringt

GÜ Generalübernehmer

Ein Unternehmen, das die gesamte Planung und Ausführung eines Bauvorhabens übernimmt

GuV/GVR Gewinn- und Verlustrechnung
[P&L] [Profit and Loss]

Aufstellung aller Erträge und Aufwendungen eines Geschäftsjahres zur Ergebnisermittlung

GVR/GuV **[P&L]**	Gewinn- und Verlustrechnung [Profit and Loss]	Aufstellung aller Erträge und Aufwendungen eines Geschäftsjahres zur Ergebnisermittlung
GwG (1)	Geldwäschegesetz	Gesetz über das Aufspüren von Gewinnen aus schweren Straftaten
GWG (2)	Geringwertige Wirtschaftsgüter	Bewegliche Sachanlagen mit einem geringen Anschaffungswert
HBG	Hypothekenbankgesetz (2005 aufgehoben)	Regelung der Rechte und Pflichten von Hypothekenbanken
HBR **[EBR]**	Heritable Building Right [Erbbaurecht]	Recht, auf einem fremden Grundstück ein Gebäude zu errichten
HGB	Handelsgesetzbuch	Allgemeine Regelungen im Handelsrecht
HK	Herstellungskosten	Aufwendungen zur Erstellung von Vermögensgegenständen
HK(L)S	Heizung-Klima-(Lüftung-)Sanitär	Sammelbegriff für technische Gebäudeausrüstung
HOAI	Honorarordnung für Architekten und Ingenieure	Rechtsverordnung zur Regelung von Honoraren
HQ	Headquarter [Hauptquartier]	Hauptsitz eines Unternehmens
HR	Handelsregister	Öffentliches Verzeichnis aller angemeldeten Unternehmen mit Angaben zu rechtlichen und wirtschaftlichen Verhältnissen

HR-A/-B	Handelsregister-Abteilung A/ Abteilung B	Auszug aus dem Handelsregister für Personengesellschaften/ Kapitalgesellschaften
HV (1)	Hausverwaltung	Verwaltung eigener oder fremder Grundstücke, Häuser und Wohnungen
HV (2)	Hauptversammlung	Treffen der Aktionäre als Beschlussorgan einer Aktiengesellschaft
HYP	Hypothek	Grundpfandrecht zur Belastung von Immobilien
HZ	Habenzins	Verzinsung von (Konto-)Guthaben
IAS	International Accounting Standards [Internationale Standards zur Rechnungslegung]	Teil der internationalen Richtlinien zur Rechnungslegung
IBAN	International Bank Account Number [Internationale Bankkontonummer]	International standardisierte Angabe von Kontonummern
IF	Immobilienfinanzierung	Beschaffung der Geldmittel zum Bau oder Erwerb von Immobilien
IFRS	International Financial Reporting Standards [Internationale Richtlinien zur Rechnungslegung]	Standards zur Aufstellung international vergleichbarer Jahres- und Konzernabschlüsse
IK	Immobilienkunde	(Bank-)Kunde mit Immobilienkredit
Immo-WertV	Immobilienwertermittlungs-verordnung	Gesetzliche Bestimmungen zur Wertfeststellung von Immobilien

IOS **[ISO]**	International Organization For Standardization [Internationale Organisation für Normung]	Internationale Vereinigung von Organisationen für Normung
IPO	Initial Public Offering [Erstmaliges öffentliches Angebot]	Börsengang, Einführung der Aktien einer Gesellschaft an der Börse zum regelmäßigen Handel
IRBA	Internal Rating Based Approach [Ansatz nach internen Ratings]	Individuelle Methode zur Bewertung von Kreditrisiken nach BASEL II
IRR	Internal Rate Of Return [Interner Zinsfuß]	Berechnung der Rentabilität von Investitionen
ISC(R)	Interest Service Cover (Ratio) [Zinsdienstdeckungs(-quote)]	Verhältnis der zur Bezahlung von Zinsen verfügbaren Einnahmen zu den zu zahlenden Zinsen
ISDA	International Swaps And Derivatives Association [Internationale Gesellschaft für Devisen- und Finanzinstrumente]	Handelsorganisation für außerbörsliche Finanztransaktionen
ISIN	International Securities Identification Number [Internationale Wertpapier-Identifikationsnummer]	Kennung für Wertpapiere, die an der Börse gehandelt werden
ISO **[IOS]**	Internationale Organisation für Normung [International Organization for Standardization]	Internationale Vereinigung von Organisationen für Normung
IVD	Immobilienverband Deutschland	Bundesverband der Immobilienberater, Makler, Verwalter und Sachverständigen

IWF	Internationaler Währungsfonds	Organisation der Vereinten Nationen für internationale Währungspolitik, Kreditvergaben und Wechselkursstabilität
IZV	Inlandszahlungsverkehr	Übertragung von Zahlungsmitteln im Inland
JA	Jahresabschluss	Rechnerischer Abschluss eines kaufmännischen Geschäftsjahres
JE	Jahresergebnis	Ergebnis aus der Gewinn- und Verlustrechnung
JF	Jahresfehlbetrag	Negatives Jahresergebnis aus der Gewinn- und Verlustrechnung
JN(K)M	Jahresnetto(kalt)miete	Miete für ein Jahr ohne Nebenkosten
JPY	Japanese Yen [Japanischer Yen, ¥]	Japanische Währung
JÜ	Jahresüberschuss	Positives Jahresergebnis aus der Gewinn- und Verlustrechnung
KA	Konditionenanpassung	Neuvereinbarung von Zins- und Tilgungsleistungen für einen Kredit
KAG	Kapitalanlagegesellschaft (Investmentgesellschaft)	Unternehmen, das Investmentfonds auflegt und verwaltet
KapSt/ KESt	Kapitalertragsteuer	Einkommensteuer auf Kapitalerträge
KD	Kapitaldienst	Zahlungsverpflichtung aus Zins und Tilgung für einen Kredit

KDF **[DY/YoD]**	Kapitaldienstfähigkeit [Debt Yield/Yield On Debt]	Prozentsatz aus den für den Kapitaldienst zur Verfügung stehenden Mitteln zu den Schulden
KESt/ KapSt	Kapitalertragsteuer	Einkommensteuer auf Kapitalerträge
KfW	Kreditanstalt für Wiederaufbau	Anstalt des öffentlichen Rechts zur Finanzierung von Infrastruktur- und Fördermaßnahmen
KG (1)	Kommanditgesellschaft	Personengesellschaft mit unbeschränkt (Komplementäre) und beschränkt haftenden Gesellschaftern (Kommanditisten)
KG (2)/ **UG**	Kellergeschoss/Untergeschoss	Fläche eines Gebäudes, die unter der umliegenden Geländeoberfläche liegt
KG (3)	Kreditgeber	Gläubiger einer Kreditforderung
KG (4)/ **KGR**	Kostengruppe(n)	Systematische Einteilung von Baukosten (nach DIN)
KGaA	Kommanditgesellschaft auf Aktien	Kommanditgesellschaft mit Kommanditkapital in Form von Aktien
KGR/ KG	Kostengruppe(n)	Systematische Einteilung von Baukosten (nach DIN)
KI	Kreditinstitut	Bank oder Sparkasse
KK	Kontokorrent(-kredit)	Kurzfristiger, variabel beanspruchbarer Kredit zur Liquiditätsbeschaffung
KL	Kreditlinie/Kreditlimit	Höchstbetrag für die variable Inanspruchnahme eines Kredits

KLV	Kapitallebensversicherung	Lebensversicherung mit Kapitalauszahlung auch im Erlebensfall
KMU **[SME]**	Kleine und mittlere Unternehmen [Small And Medium Sized Enterprises]	Sammelbegriff für Unternehmen nach definierten Größenkriterien
KN	Kreditnehmer	Schuldner einer Kreditverbindlichkeit
KNE	Kreditnehmereinheit	Zusammenfassung von Kreditnehmern aufgrund gesellschaftlicher oder wirtschaftlicher Abhängigkeit
KöR	Körperschaft des öffentlichen Rechts	Organisation mit staatlicher Hoheitsgewalt
KP	Kaufpreis	Geschuldeter Betrag zur Erfüllung eines Kaufvertrages
KRM **[CRM]**	Kreditrisikomanagement [Credit Risk Management]	Einrichtungen und Regelungen bei Banken zur Beurteilung und zum Umgang mit Kreditrisiken
KSA	Kreditrisiko-Standardansatz	Standardmethode zur Bewertung von Kreditrisiken nach BASEL II
KSt	Körperschaftsteuer	Steuer auf das Einkommen von juristischen Personen
KV (1)	Kaufvertrag	Schuldrechtlicher Vertrag zur Übertragung von Eigentum
KV (2)	Kreditvertrag	Vertrag über die zeitweise Überlassung von Geld
KWG	Kreditwesengesetz	Gesetzliche Regelungen zum Bank- und Kreditwesen in Deutschland

KYC	Know Your Customer [Kenne deinen Kunden]	Feststellung der Legitimation und des wirtschaftlich Berechtigten
LA	Lastschrift	Vom Zahlungsempfänger ausgelöster bargeldloser Zahlungsvorgang
LBK	Lokalbaukommission	Regionale Baugenehmigungsbehörde
LBO	Leveraged Buy Out [Fremdkapitalfinanzierte Übernahme]	Kauf eines Unternehmens mit einem großen Anteil an Fremdkapital
LCR	Liquidity Coverage Ratio [Liquiditätsdeckungskennziffer]	Kennziffer zur kurzfristigen Liquidität von Banken
LEED	Leadership In Energy And Environmental Design [Führerschaft in energie- und umweltfreundlicher Bauweise]	Internationale Standards für nachhaltiges und umweltschonendes Bauen
LGD	Loss Given Default [Tatsächlicher Verlust bei Ausfall]	Erwarteter Verlust (in Prozent) aus einer Forderung bei Ausfall
LIBOR	London Interbank Offered Rate [Interbankenzinssatz, festgelegt in London]	Referenzzinssatz für kurzfristige Geldgeschäfte unter Banken
LiqV	Liquiditätsverordnung	Verordnung über die Liquidität von Finanzinstituten
LOI	Letter Of Intent [Absichtserklärung]	Absichtserklärung über mögliche Geschäftsinhalte
LTC	Loan To Cost [Kredit im Verhältnis zu den Kosten]	Verhältnis eines zweckgebundenen Kredits zu den Anschaffungs- oder Herstellungskosten der beliehenen Immobilie

LTV	Loan To Value [Kredit im Verhältnis zum Wert]	Verhältnis eines zweckgebundenen Kredits zum (Markt-)Wert der beliehenen Immobilie
LV	Lebensversicherung	Versicherung zur Kapitalauszahlung im Todesfall
LZ	Laufzeit	Vereinbarte Vertragsdauer
M&A	Mergers & Acquisitions [Fusionen und Übernahmen]	Dienstleistungen rund um Unternehmenstransaktionen
MaBV	Makler- und Bauträgerverordnung	Rechtsverordnung zum Schutz von Immobilienerwerbern
MAK (1)	Mindestanforderungen an das Kreditgeschäft der Kreditinstitute (2005 ersetzt)	Richtlinie der deutschen Finanzdienstleistungsaufsicht
MAK (2)/ **PE** **[FTE]**	Mitarbeiterkapazität/Personaleinheit [Full Time Equivalent]	Kennzahl einer Arbeitskraft in Bezug zu einer Vollzeitarbeitskraft
MaRisk	Mindestanforderungen an das Risikomanagement (BA)	Verwaltungsanweisungen der Bundesanstalt für Finanzdienstleistungsaufsicht für das Risikomanagement in deutschen Kreditinstituten
MAUF	Materialaufwand	Teil der betrieblichen Aufwendungen eines (Produktions-)Unternehmens für die Materialbeschaffung
MBO	Management Buy Out [Aufkauf durch das Management]	Unternehmenskauf durch die bisherige Geschäftsführung
MBS	Mortgage Backed Securities [Durch Hypotheken gesicherte Wertpapiere]	Grundpfandrechtlich abgesicherte Wertpapiere

MD	Dorfgebiet (Mischgebiet – Dorf)	Gebietseinteilung im Bebauungsplan
ME (1)	Mieteinheit	Abgeschlossene Wohn- oder Gewerbeeinheit zur Vermietung
ME (2)	Mieterlöse/Mieteinnahmen	Einnahmen durch Mietzahlungen
MFH	Mehrfamilienhaus	Wohnhaus mit mehreren Wohneinheiten
MI	Mischgebiet (Mischgebiet – Industrie)	Gebietseinteilung im Bebauungsplan
MIFID	Markets In Financial Instruments Directive [Richtlinie über Märkte für Finanzinstrumente]	Richtlinie der Europäischen Union zur Harmonisierung der Finanzmärkte
MIV	Motorisierter Individualverkehr	Fortbewegung mit motorisierten Verkehrsmitteln mit freier Zeit- und Wegewahl
MK	Kerngebiet (Mischgebiet – Kern)	Gebietseinteilung im Bebauungsplan
MRICS	Member Of The Royal Institution Of Chartered Surveyors [Mitglied im königlichen Institut der vereidigten Gutachter]	Mitglied im Berufsverband von Immobilienfachleuten und Immobiliensachverständigen
MTD	Month To Date [Seit Monatsbeginn]	Zeitangabe für statistische Daten
MV	Mietvertrag	Vereinbarung zur zeitweisen Gebrauchsüberlassung von Sachen (Immobilien) gegen Bezahlung

MW/VW/ VKW	Marktwert/Verkehrswert	Wert einer Immobilie im gewöhnlichen Geschäftsverkehr
MwSt	Mehrwertsteuer	Synonym für Umsatzsteuer
NAK	Notaranderkonto	Treuhandkonto eines Notars
NAV	Net Asset Value [Nettoinventarwert]	Substanzwert eines Unternehmens
NB	Neubau	Neu errichtetes Gebäude
NBL (1)	Neue Bundesländer	Die fünf ostdeutschen Bundesländer
nbL (2)	Nicht betriebsnotwendige Liegenschaften	Unternehmenseigene Immobilien, die nicht dem Betriebszweck dienen
NCR	Net Cash Rent [Nettobarmiete]	Miete ohne Nebenkosten
ND	Nutzungsdauer	Dauer der gewöhnlichen Nutzung von Sachanlagen (Immobilien)
NDA	Non Disclosure Agreement [Vertraulichkeitsvereinbarung]	Vertrag über die Geheimhaltung von Informationen
n. E.	Nach Eingang	Kontogutschrift von Scheckguthaben nach effektivem Geldeingang
NF/Nfl	Nutzfläche	Summe aller Grundflächen eines Gebäudes, die zur zweckbestimmten Nutzung dienen
NGF	Nettogrundfläche	Nutz-, Funktions- und Verkehrsflächen aller Ebenen eines Bauwerks

NHK	Normalherstellungskosten	Gewöhnliche (durchschnittliche) Herstellungskosten eines Gebäudes
NK	Nebenkosten	Betriebskosten einer Immobilie (unter anderem Wasserversorgung, Heizung, Müllentsorgung, Versicherungen)
NKM	Nettokaltmiete	Miete ohne Nebenkosten (insbesondere ohne Heizkosten)
NOI	Net Operating Income [Nettobetriebserlös]	Nettomiete abzüglich Bewirtschaftungskosten
NPL	Non Performing Loan [Notleidender Kredit]	Kredit, bei dem der Schuldner seine Zahlungsverpflichtungen nicht erfüllt
NR	Net Rent [Nettomiete]	Miete ohne Nebenkosten
NRI	Net Rental Income [Nettomieteinnahmen]	Mieteinnahmen ohne Nebenkosten
NSFR	Net Stable Funding Ratio [Stabile Finanzierungskennziffer]	Kennziffer zur langfristigen Liquidität bei Banken
o. B.	Ohne Brief	Recht, für das (abweichend von der Norm) keine Urkunde erstellt wird
OG	Obergeschoss	Flächen eines Gebäudes oberhalb des Erdgeschosses
OHG	Offene Handelsgesellschaft	Personengesellschaft mit unbeschränkt haftenden Gesellschaftern
ÖNB/ OeNB	Österreichische Nationalbank	Zentralbank der Republik Österreich

OPEX	Operational Expenditures [Betriebsausgaben]	Ausgaben für den Geschäftsbetrieb
ÖPNV	Öffentlicher Personennahverkehr	Regional organisierte, öffentlich nutzbare Einrichtungen zur Personenbeförderung
ÖPP [PPP]	Öffentlich-private Partnerschaft [Public Private Partnership]	Wirtschaftliche Zusammenarbeit von privaten Unternehmen und öffentlichen Institutionen
OpRisk	Operational Risk [Operationelles Risiko]	Risiken, die aus der betrieblichen Tätigkeit durch menschliche oder technische Fehler oder Betrug entstehen können
OTC	Over The Counter [Über den Ladentisch]	Außerbörslicher Handel (Freiverkehr)
p. a.	Per anno [Pro Jahr]	Pro Jahr oder jährlich
P&L [GVR/ GuV]	Profit and Loss [Gewinn- und Verlustrechnung]	Aufstellung aller Erträge und Aufwendungen eines Geschäftsjahres zur Ergebnisermittlung
PAngV	Preisangabenverordnung	Gesetz zur Preisklarheit und -wahrheit
PAUF	Personalaufwand	Teil der betrieblichen Aufwendungen eines Unternehmens für die Bezahlung der Mitarbeiter
PCR	Profit-Center-Rechnung	Erfolgsrechnung für einzelne Unternehmensteile
PD	Probability Of Default [Wahrscheinlichkeit des Ausfalls]	Wahrscheinlichkeit des Ausfalls eines Kreditnehmens

PE/MAK Personaleinheit/Mitarbeiterkapazität
[FTE] [Full Time Equivalent]

Kennzahl einer Arbeitskraft in Bezug zu einer Vollzeitarbeitskraft

PfandBG Pfandbriefgesetz

Rechtliche Grundlagen zur Ausgabe von Pfandbriefen

phG Persönlich haftender Gesellschafter

Komplementär einer Kommanditgesellschaft

PIN Persönliche Identifikationsnummer

Geheimzahl zur Identifikation gegenüber einer Maschine

PK Privatkunde

Natürliche Person als (Bank-)Kunde

PM (1) Property Management
[Immobilienverwaltung]

Verwaltung und Bewirtschaftung von Immobilien

p. M. (2) Pro Monat

Pro Monat oder monatlich

POS Point Of Sale
[Verkaufsstelle]

Ort, an dem die Bezahlung durch Konsumenten stattfindet

ppa Per Prokura
[In Vollmacht]

Handelsrechtliche Geschäftsvollmacht

PPI Payment Protection Insurance
[RSV] [Restschuldversicherung]

Versicherung zur Restschuldentilgung im Todesfall des Kreditnehmers

PPP Public Private Partnership
[ÖPP] [Öffentlich-private Partnerschaft]

Wirtschaftliche Zusammenarbeit von privaten Unternehmen und öffentlichen Institutionen

PREM Public Real Estate Management
[Verwaltung öffentlicher Immobilien]

Bewirtschaftung von öffentlichen Immobilien

p. r. t.	Pro rata temporis [Zeitanteilig]	Aufteilung eines Geldbetrages auf Zeitabschnitte entsprechend ihrer Dauer
PWB	Pauschalwertberichtigung	Pauschale Bewertung des Ausfallrisikos mehrerer Forderungen
qm/m² **[sqm]**	Quadratmeter [Square Meter]	Flächenangabe
QTD	Quarter To Date [Seit Quartalsbeginn]	Zeitangabe für statistische Daten
RAL	Deutsches Institut für Gütesicherung und Kennzeichnung (früher Reichs-Ausschuss für Lieferbedingungen)	Organisation zur Definition und Sicherung von Farb- und Umweltstandards
REH	Reiheneckhaus/Reihenendhaus	Abschließendes Gebäude einer Häuserreihe
REIT	Real Estate Investment Trust [Börsennotierte Immobilien-Aktiengesellschaft]	Gesellschaft zur Verwaltung eigener Immobilien im In- und Ausland mit steuerrechtlichen Präferenzen
REOC	Real Estate Operating Company [Immobilien Betriebsgesellschaft]	Gesellschaft zur Verwaltung eigener Immobilien im In- und Ausland
RGA **[RWA]**	Risikogewichtete Aktiva [Risk Weighted Assets]	Nach Risiken bewertete Forderungen
RH	Reihenhaus	Einfamilienhaus, das in einer Häuserreihe gebaut ist
RICS	Royal Institution Of Chartered Surveyors [Königliches Institut der vereidigten Gutachter]	Berufsverband von Immobilienfachleuten und Immobiliensachverständigen

RKL/ BKL	Risikoklasse/ Bonitätsklasse	Einstufung der Vermögenssituation und der Zahlungsfähigkeit eines Kreditnehmers
RKW	Rückkaufswert	Zeitwert, den eine Versicherungsgesellschaft für den Rückkauf einer Lebensversicherung bezahlt
RLV	Risikolebensversicherung	Lebensversicherung ausschließlich für den Todesfall
RLZ	Restlaufzeit	Zeitspanne bis zum Ende einer vereinbarten Vertragsdauer
RMBS	Residential Mortgage Backed Securities [Durch Hypotheken auf Wohnimmobilien gesicherte Wertpapiere]	Wertpapiere, die grundpfandrechtlich auf wohnwirtschaftlich genutzten Immobilien abgesichert sind
RMH	Reihenmittelhaus	Gebäude innerhalb einer Häuserreihe
RND	Restnutzungsdauer	Zeitspanne bis zum Ende der gewöhnlichen Nutzung von Sachanlagen (Immobilien)
ROE	Return On Equity [Eigenkapitalverzinsung]	Rechenmodell zur Rendite des eingesetzten Eigenkapitals
ROI	Return On Investment [Kapitalverzinsung]	Rechenmodell zur Bestimmung der Rendite
RSV [PPI]	Restschuldversicherung [Payment Protection Insurance]	Versicherung zur Restschuldentilgung im Todesfall des Kreditnehmers
RWA [RGA]	Risk Weighted Assets [Risikogewichtete Aktiva]	Nach Risiken bewertete Forderungen

RZV	Rückzahlungsvereinbarung	Individuelle Vereinbarung zur Rückzahlung von Verbindlichkeiten
SC [EKZ]	Shopping Center [Einkaufszentrum]	Ein Gebäude mit einer größeren Anzahl von Einzelhandelsgeschäften und Dienstleistungsbetrieben
SCHUFA	Schutzgemeinschaft für allgemeine Kreditsicherung	Privatwirtschaftliche Wirtschaftsauskunftei
SEPA	Single Euro Payments Area [Einheitlicher Euro-Zahlungsverkehrsraum]	Europaweit einheitliches Zahlungssystem für Transaktionen in Euro
SME [KMU]	Small And Medium Sized Enterprises [Kleine und mittlere Unternehmen]	Sammelbegriff für Unternehmen nach definierten Größenkriterien
SMG	Schuldrechtsmodernisierungsgesetz	Teil des Schuldrechts im Bürgerlichen Gesetzbuch
SO	Sondergebiet	Gebietseinteilung im Bebauungsplan
SoBoN	Sozialgerechte Bodennutzung	Regelungen der Landeshauptstadt München zur Mitfinanzierung städtebaulicher Vorhaben
SoFFin/ **FMS**	Sonderfonds Finanzmarktstabilisierung/ Finanzmarktstabilisierungsfonds	Sondervermögen der Bundesrepublik Deutschland für Finanzhilfen an notleidende Banken
SolvV	Solvabilitätsverordnung	Verordnung über die angemessene Eigenmittelausstattung von Finanzinstituten
SPA	Sales And Purchase Agreement/ Share Purchase Agreement [Verkaufs- und Kaufvereinbarung/ Anteilskaufvereinbarung]	Vereinbarung beim Kauf bzw. Verkauf von Unternehmen

SP-C/ -E/-V	Special Purpose Company/ Entity/Vehicle [Einzweckgesellschaft]	Gesellschaft mit eingeschränktem (befristetem) Geschäftszweck
sqm [qm/m²]	Square Meter [Quadratmeter]	Flächenangabe
Stpl	Stellplatz	Abstellplatz für Autos
SÜ	Sicherungsübereignung	Zeitweise Eigentumsübertragung von Sachwerten zur Kreditbesicherung
SWIFT	Society For Worldwide Interbank Financial Telecommunication [Gesellschaft für weltweite Finanztelekommunikation zwischen Banken]	Internationales Telekommunikationsnetz von Banken
SWOT	Strengths, Weaknesses, Opportunities And Threats [Stärken, Schwächen, Chancen und Bedrohungen]	Analyseverfahren zur strategischen Planung
SZ	Sollzins	Zinssatz für die Inanspruchnahme von Krediten
TA/THA	Treuhandauftrag	Gegenseitige Vereinbarung, über Vermögenswerte nur Zug um Zug zu verfügen
TAN	Transaktionsnummer	Einmalpasswort im elektronischen Zahlungsverkehr
TARGET	Trans-European Automated Realtime Gross Settlement Express Transfer System [Europäisches automatisiertes Echtzeitbruttozahlungssystem]	Echtzeit Zahlungssystem zur Durchführung von Geldgeschäften unter Banken

TE	Teilungserklärung	Erklärung über die Aufteilung der Miteigentumsanteile an einem Grundstück
TG (1)	Tiefgarage	Abstellplatz für Fahrzeuge unterhalb der Erdoberfläche
TG (2)/**FG**	Termingeld/Festgeld	Kurz-bis mittelfristige Geldanlage
TGA	Technische Gebäudeausrüstung	Gas-, Wasser-, Heizungs-, Sanitär-, Lüftungs-, Klima- und Elektroanlagen
TH	Treppenhaus	Gebäudeteil mit Treppen
THA/TA	Treuhandauftrag	Gegenseitige Vereinbarung, über Vermögenswerte nur Zug um Zug zu verfügen
TI	Tenant Improvements [Mieter (-spezfische) (Gebäude-)Aufwertung]	Ein-, Um- und Ausbauten in einem Gebäude nach den Nutzungsanforderungen eines Mieters
TOTEX	Total Expenditures [Gesamtausgaben]	Ausgaben für den Geschäftsbetrieb und Investitionen
TP	Tilgungsplan	Auflistung aller planmäßigen Zins- und Tilgungsfälligkeiten bis zur vollständigen Rückzahlung eines Kredits
TS	Term Sheet [Absichtserklärung]	Darstellung der möglichen Bedingungen für ein (Kredit-)Geschäft
TÜV	Technischer Überwachungsverein	Organisation, die technische Sicherheitsprüfungen durchführt
UD	Unterdeckung	Negatives Ergebnis aus (kalkulierten) Einnahmen abzüglich der Ausgaben

UE   Überweisung   Übertragung von Geld durch Kontoumbuchung bei oder zwischen Kreditinstituten

ÜD   Überdeckung   Positives Ergebnis aus (kalkulierten) Einnahmen abzüglich der Ausgaben

UG/KG   Untergeschoss/Kellergeschoss   Fläche eines Gebäudes, die unter der umliegenden Geländeoberfläche liegt

UKV   Umsatzkostenverfahren   Gegenüberstellung von Erträgen und den dazu angefallenen Aufwendungen

UL   Unexpected Loss [Unerwarteter Verlust]   Unerwarteter Verlust einer Forderung

US GAAP   United States Generally Accepted Accounting Principles [Allgemein anerkannte Rechnungslegungsgrundsätze der Vereinigten Staaten]   US-amerikanische Rechnungslegungsvorschriften

USD   United States Dollar [US-amerikanischer Dollar, US-$]   Währung der Vereinigten Staaten von Amerika

USP   Unique Selling Proposition [Alleinstellungsmerkmal]   Herausragendes Leistungsmerkmal einer Sache (Immobilie) im Wettbewerbsvergleich

USt **[VAT]**   Umsatzsteuer [Value Added Tax]   Steuer auf Lieferungen und Leistungen eines Unternehmens, bei der bezahlte Vorsteuer abgezogen werden kann

UStG   Umsatzsteuergesetz   Gesetz zur Besteuerung von Lieferungen und Leistungen

UV	Umlaufvermögen	Vermögenswerte, die in einem Unternehmen im laufenden Betriebsprozess umgesetzt werden
UWG	Gesetz gegen den unlauteren Wettbewerb	Verbraucherschutzgesetz
ÜZ	Überziehung(-szins)	(Erhöhter Zins für eine) Kreditinanspruchnahme über eine Kreditlinie hinaus oder ohne Kreditlinie
VA	Vollstreckbare Ausfertigung	(Original-)Exemplar einer notariell beurkundeten Vollstreckungsurkunde
Val. (1)	Valuta	Effektiv geschuldeter Kreditbetrag
Val. (2)	Valuta	Datum der Wertstellung von Gutschriften mit Beginn der Zinsberechnung
VaR	Value At Risk [Wert im Risiko]	Risikomaß zum möglichen Verlust einer Risikoposition
VAT **[USt]**	Value Added Tax [Umsatzsteuer]	Steuer auf Lieferungen und Leistungen eines Unternehmens, bei der bezahlte Vorsteuer abgezogen werden kann
vdp	Verband deutscher Pfandbriefbanken	Interessenvertretung der Pfandbriefbanken in der Bundesrepublik Deutschland
VerbKrG	Verbraucherkreditgesetz (2002 aufgehoben)	Verbraucherschutzgesetz
VFE	Vorfälligkeitsentschädigung	Kostenersatz für eine vorzeitige, außerplanmäßige Rückzahlung von Krediten

vH	Vom Hundert [Prozent]	Verhältnisgröße zum Grundwert 100
VK/VKP	Verkaufspreis	Preis für einen Verkauf
VKE	Verkaufserlös	Vereinnahmter Betrag bei einem Verkauf
VKP/VK	Verkaufspreis	Preis für einen Verkauf
VKW/ VW/MW	Verkehrswert/Marktwert	Wert einer Immobilie im gewöhnlichen Geschäftsverkehr
VL	Vermögenswirksame Leistungen	Geförderte Sparleistungen des Arbeitgebers für den Arbeitnehmer
VN	Versicherungsnehmer	Auftraggeber und Prämienschuldner eines Versicherungsvertrages
VOB	Vergabe- und Vertragsordnung für Bauleistungen	Regelungen für die Vergabe von Bauaufträgen durch öffentliche Auftraggeber
VÖB	Bundesverband Öffentlicher Banken Deutschlands	Spitzenverband der Landesbanken und staatlichen Förderbanken
VOFI	Vollständiger Finanzplan [Visualization Of Financial Implications]	Instrument der Investitionsrechnung
VPI [CPI]	Verbraucherpreisindex [Customer Price Index]	Kennzahl zur Abbildung der Preisentwicklung von Waren und Dienstleistungen
VSt	Vorsteuer	Bezahlte Umsatzsteuer auf Vorprodukte oder Vorleistungen

VV/V+V	Vermietung und Verpachtung	Zu versteuernde Einkunftsart
VVA (1)	Vorverkaufsauflage	(Vor Baubeginn) zu erfüllender Anteil am Verkauf einer Immobilie
VVA (2)	Vorvermietungsauflage	(Vor Baubeginn) zu erfüllender Anteil der Vermietung einer Immobilie
VVaG	Versicherungsverein auf Gegenseitigkeit	Besondere Rechtsformen für eine Versicherungsgesellschaft, bei der Versicherungsnehmer Mitglieder sind
VW/ VKW/MW	Verkehrswert/Marktwert	Wert einer Immobilie im gewöhnlichen Geschäftsverkehr
VZ	Verzugszins	(Erhöhter) Zins für Kreditinanspruchnahmen über eine (Rück-)Zahlungsfälligkeit hinaus
WA	Allgemeines Wohngebiet (Wohngebiet – Allgemein)	Gebietseinteilung im Bebauungsplan
WALT	Weighted Average Lease Term [Gewichtete Durchschnitts(-rest-)mietlaufzeit]	Gewichtete Durchschnittsrestlaufzeit von Mietverträgen einer Immobilie
WAULT	Weighted Average Unexpired Lease Term [Gewichteter Durchschnitt nicht abgelaufener Mietzeiten]	Gewichtete Durchschnittslaufzeit von Mietverträgen einer Immobilie unter Beachtung von außerordentlichen Kündigungsmöglichkeiten
WB	Besonderes Wohngebiet (Wohngebiet – Besonders)	Gebietseinteilung im Bebauungsplan
WBG	Wohnungsbaugesellschaft/ Wohnungsbaugenossenschaft	Unternehmen zur Verwaltung des eigenen Wohnungsbestandes

WE	Wohn(-ungs-)einheit	Abgeschlossener Gebäudeteil zur wohnwirtschaftlichen Nutzung
WEG (1)/ **ETG**	Wohnungseigentümergemeinschaft/ Eigentümergemeinschaft	Gesamtheit der Eigentümer einer Wohnungseigentumsanlage
WEG (2)/ **WoEigG**	Wohnungseigentumsgesetz	Gesetz zur Regelung der Eigentumsverhältnisse bei Wohnanlagen
WEK	Wirtschaftliches Eigenkapital	Eigenkapital und eigenkapitalähnliche Mittel eines Unternehmens
WF/Wfl	Wohnfläche	Summe aller Grundflächen zur reinen Wohnnutzung einer Wohnung oder eines Wohnhauses
WGH	Wohn- und Geschäftshaus	Gebäude mit Wohnungen und gewerblich genutzten Flächen
WNF	Wohn-/Nutzfläche	Summe aller Grundflächen eines Gebäudes, die zur zweckbestimmten Nutzung dienen
WoEigG/ WEG	Wohnungseigentumsgesetz	Gesetz zur Regelung der Eigentumsverhältnisse bei Wohnanlagen
WR	Reines Wohngebiet (Wohngebiet – Rein)	Gebietseinteilung im Bebauungsplan
WS	Kleinsiedlungsgebiet (Wohngebiet – Siedlung)	Gebietseinteilung im Bebauungsplan
YoD/DY [KDF]	Yield On Debt/Debt Yield [Kapitaldienstfähigkeit]	Prozentsatz aus den für den Kapitaldienst zur Verfügung stehenden Mittel zu den Schulden
YTD	Year To Date [Seit Jahresbeginn]	Zeitangabe für statistische Daten

ZE/ **ZWEBE**	Zweckerklärung/ Zweckbestimmungserklärung	Vereinbarung über die zweckgebundene Verwendung einer Sicherheit für einen oder mehrere Kredite
ZIA	Zentraler Immobilien-Ausschuss	Wirtschaftsverband der deutschen Immobilienwirtschaft
ZKA	Zentraler Kreditausschuss (bis 2011)	Zusammenschluss der kreditwirtschaftlichen Spitzenverbände in Deutschland
ZKB	Zinskonditionenbeitrag	Einnahmen aus der Berechnung von Zinsen
ZOB	Zentraler Omnibusbahnhof	Busbahnhof in zentraler Lage
ZS	Zins	Preis für die zeitweise Überlassung von Geld
ZV (1)	Zahlungsverkehr	Übertragung von Zahlungsmitteln
ZV (2)	Zwangsverwaltung	Gerichtliches Vollstreckungsverfahren zur Bewirtschaftung von Immobilien
ZV (3)	Zwangsversteigerung	Gerichtliches Vollstreckungsverfahren zur Verwertung der Vermögenssubstanz
ZWEBE/ **ZE**	Zweckbestimmungserklärung/ Zweckerklärung	Vereinbarung über die zweckgebundene Verwendung einer Sicherheit für einen oder mehrere Kredite

Index

Über die Autoren

Michael Trübestein studierte internationale Betriebs-
wirtschaftslehre an der EBS Universität für Wirtschaft
und Recht in Oestrich-Winkel (D), an der University of
Illinois at Urbana-Champaign (IL/USA) und an der Ecole
Supérieure de Commerce de Dijon (F). Von Oktober 2004
bis Oktober 2008 forschte und lehrte Michael Trübestein
als wissenschaftlicher Assistent und Promotionsstudent
bei Herrn Prof. Dr. Wolfgang Schäfers am Lehrstuhl für
Immobilienmanagement an der Universität Regensburg
(D).
Im April 2008 schloss er das Intensivstudium Real Estate
Asset Management in Berlin ab und erhielt im September
2008 einen Ruf zur Professur für Immobilienmanagement an der Fachhochschule
Kufstein (A). Ferner lehrt er an der Politecnico di Milano in Mailand (I) und am
Pratt Institute in New York (USA). Der Schwerpunkt der wissenschaftlichen Tätig-
keit liegt insbesondere in den Bereichen Real Estate Investment and Finance, Real
Estate Asset Management, Real Estate Capital Markets und Real Estate Valuation.

Michael Pruegel, Jahrgang 1968, ist Bankkaufmann aus
Leidenschaft. Nach dem Abitur begann er seine quali-
fizierte Bank- und Kreditausbildung bei der Bayerischen
Vereinsbank AG in München und vertiefte diese mit einem
berufsbegleitenden Studium der Betriebswirtschaft. Er
absolvierte dabei ein Traineeprogramm und organisierte
ferner den Bereich der persönlichen und fachlichen Quali-
fikation von Mitarbeitern im Kreditgeschäft.
Mit der Fusion zur HypoVereinsbank konzentrierte er
sich auf das gewerbliche Immobiliengeschäft. In mehreren Fach- und Führungsfunktionen lernte er die nationale
Immobilienfinanzierung in verschiedenen Verantwortun-
gen intensiv kennen. Nach der Abspaltung der HypoRealEstate Bank AG übernahm
er dort die überregionale Zuständigkeit im Risikomanagement für verschiedene
Kundensegmente und Gebiete in Deutschland. Die zentralen Herausforderungen
waren dabei die Zusammenführung der unterschiedlichen Geschäftskulturen aus
den Vorgängerinstituten und die zeitgemäße Weiterentwicklung der Steuerungsins-
trumente zur Risikobeherrschung.
In der Folge arbeitete er bis heute bei verschiedenen Banken im Vertrieb der
gewerblichen Immobilienfinanzierung mit regionaler Verantwortung für Kunden
in Bayern. Neben seinen beruflichen Aktivitäten engagiert er sich seit mehreren Jah-
ren als Dozent zur Immobilienfinanzierung an der Fachhochschule in Kufstein. Sein
Anliegen ist stets, die oft unnötige Kompliziertheit einfach verständlich zu machen.

Printed in the United States
By Bookmasters